TROCHI

TROCHI

Carwyn Eckley

Carreg Gwalch

Argraffiad cyntaf: 2025

ISBN clawr meddal: 978-1-84527-971-4

Cyhoeddwyd gyda chymorth Cyngor Llyfrau Cymru

Dylunio'r clawr: Eleri Owen

Cyhoeddwyd gan Wasg Carreg Gwalch,
12 Iard yr Orsaf, Llanrwst, Dyffryn Conwy, Cymru LL26 0EH.
Ffôn: 01492 642031
e-bost: llyfrau@carreg-gwalch.cymru
lle ar y we: www.carreg-gwalch.cymru

Argraffwyd a chyhoeddwyd yng Nghymru

Diolchiadau

Diolch i Myrddin ap Dafydd a chriw Gwasg Carreg Gwalch am eu cymorth.

Diolch i Rhys Iorwerth, Marged Tudur ac Iwan Rhys am fod yn feirniaid gonest.

Diolch i Lois fy chwaer am dynnu'r lluniau ar gyfer y gyfrol (a sori am fod yn boen yn gofyn amdanyn nhw).

Diolch i Mam am ei chymorth hithau.

A diolch i bawb, yn deulu ac yn ffrindiau, sydd wedi rhoi anogaeth i mi hyd yn hyn.

Awst 2025

Cynnwys

Cadwyn

Awdl fuddugol Eisteddfod Rhondda Cynon Taf, 2024

Haf 2002

Gwyliem o gefn y gwely'n dweud dim oll,
tra bod Mam yn erfyn
yn wyw am help gan rywun –
'allai hi ddim deall hyn.

Y doctoriaid yn heidio. Dwi'n eu gweld
yn eu gwisg, yn cofio
un wrth un yn penlinio
ar lawr ger ei wely o.

A'r sŵn isel drws nesaf drodd yn wae,
drodd yn udo araf.
Syllem, tra bod pob sillaf
o'i gwaedd hi yn rhewi'r haf.

Mynwent Macpela

O 'mlaen, roedd mil o enwau –
cerrig oer mewn cwr o gae
fel 'tai'r oesoedd yn bloeddio
'daw yr awr pan ddaw dy dro'.
Moeli oedd y meini maith,
di-lun oedd eu dylunwaith,
a phetalau'r blodau blêr
wyrai wedyn dan freuder.

Yna cyrraedd cae arall,
y cae yn llai, llai na'r llall,
a newyddach ei feddi.
Mi welwn nawr o 'mlaen i
rai â dyddiad diweddar,
a lilis gwyn, fesul sgwâr.
Wrth wau drwy'r enwau yno,
dyna weld ei enw o.

'Nôl i'r ysgol

Gan wybod eu bod yn ymwybodol,
rhaid dod i oresgyn iard yr ysgol,
a nifer wedyn, yn anfwriadol,
ag ofn hogia' o gael sgwrs gefnogol.
I'w sŵn nhw mi es yn ôl, mynd atynt
yn un ohonynt, ond yn wahanol.

Nes daeth hogyn pengoch, crwn ei fochau,
yn fyr ei ana'l i 'nghwfwr innau.
A thrwy dwrw chwerw yr iard chwarae,
aeth ati i holi sut oedd fy hwyliau.
Ennyd oedd i ni ein dau, ond drwy hwn,
yn awr mi welwn fod i'r storm olau.

Llystad

Ydw i'n ei alw'n Dad?
Ydi o wedi dŵad
am chwiw sydyn i'n tŷ-ni'n
gwenu cyn ei heglu hi?

Os, rhyw ddiwrnod, priodi,
a gollwn ein henw ni?

Yn ara' bach, crebachu'n
ddi-sôn wnâi'r gofidion fu.
Dod yn fêts go dynn â fo
a wnes. Â'r hafau'n asio'n
fân sgyrsiau am bethau'r byd,
tyfodd yn ail dad hefyd.
Wedi dod i'w 'nabod o,
eleni, mae'n dal yno.

Gwagio'r tŷ

Gyrru draw mewn car tawel
a wnaethon ni. A than hel
ein traed, dod at yr adwy,
a'i sŵn mawr na swniai, mwy.
Rhoi clic â'r goriad i'r clo,
mynd i mewn a dim yno,
dim ond seler o'n geriach
mewn cesys a bocsys bach.
Roedd nodyn ar un yno,
yn fân iawn â'i 'sgrifen o.

Ei agor wnes, dagrau'n hel.
Crysau, pytiau, llond potel
o'i hoff *aftershave* hefyd.
Sawr y Boss fel drws i'r byd
cynharaf, un cyn hiraeth,
wyddwn i cyn gwyddwn waeth.

Un lled bocs o ddillad bach
yw fy myw fa'ma, mwyach.
Am dro olaf, dwi'n arafu
y tu hwnt i ddrws y tŷ,
ac mae cywair y seiren
yn mynd a mynd yn fy mhen.

Mam-gu

Fan hyn, haf 'nôl,
haf gaeafol,
bu hi'n rhoi i'r bedd
ŵr i orwedd.
Dros fedd heddiw,
yn drwm o driw,
datod blodau
ei mab y mae.
Fin haf, fan hyn,
haf fel gefyn,
ail-betalu
yw gwaith Mam-gu.

Hi

Mi es i yn fy niod. Mi es i'n
drwm o swil, a chanfod,
yn gaib, ei bod hi'n gwybod.

I'w thu hi, es a thywallt. Gyda gwên
lygad-gynnes arall,
dywedai hi: 'rydw i'n dallt.'

Pefriai rhyw gip o 'fory gwych yn hon,
a'r sgwrs hawdd fel edrych
ar enaid draw yn y drych.

Lle bynnag âi, sylwais i, arhosai
unrhyw was amdani –
a rhywfodd, fe welodd fi.

Cefnder

Yn ddwy oed, ni wyddai o unrhyw ran
o'r hanes aeth heibio.
Ond roedd cefnlen i'w wên-o,
hanes hir yn cosi'r co'.

A thrwy glegar ei chwarae, tywynnai
ysbryd hŷn nag yntau;
â Dad lond ei lygaid iau,
gwenodd, a'm mygu innau.

Mêts

Mae math o alar arall,
mae 'na gur sy'n llyncu'r llall.
Mae rhai tadau'n gadael tŷ,
yn rhoi'r gorau i garu,
rhai'n cael hwyl â'u dyrnau clo,
a rhai sy'n troi at dreisio.
Am bob un tad, mae bradwr,
am bob tad aeth, mae gwaeth gŵr.
Mewn dioddefaint, braint, bron,
yw galar lond dy galon.

Mam

Mi all y 'Dolig bigo. Weithiau mae
twll mawr yma hebddo.
Ond hi yw'r un sydd bob tro'n
awr ein galar yn gwylio.

Ac er brad fy nwy lygad laith, dwi'n gweld
yn ei gwedd bod gobaith.
Â'r wên, mi wn ar unwaith –
ry'n ni'n dau ar yr un daith.

Drwy'r 'chydig edrychiadau, dwi a hi'n
cael sgwrs hir, ddieiriau.
Hyd ei mêr fy 'nabod mae,
yn fwy na fedraf innau.

Hi ŵyr fod Dad yn aros – ei gariad
ar y gorwel agos.
Ei thri bach yw ei hachos,
a thrwy'r cur, wynebu'r nos.

Euog

Hawdd yw addo,
a dweud 'fod o
yno beunydd –
nid yw bob dydd.
A'r gwir garw?
Llai, ar fy llw,
yw'r graith weithiau
â 'nghof ynghau.

Er dod i'r du,
er galaru,
rwy'n siŵr, yn sôn
di-ri'r straeon,
ei fod fel fi –
hwyl ei ddwli
yng nghist fy nghof.
Enaid ynof
o hyd ydyw.
O fath, mae'n fyw.

Dydd Calan, 2024

Twyll haul, a down yn deulu'n
glwm o bryder, yn fferru,
i herio dawns y môr du.
Fan hyn oedd ei ffefryn o,
a dyma'r traeth lle daeth-o
â ni ein tri yn ein tro.
Y ci'n swnian. Rhoi anwes,
yntau'n twrian yr hanes,
mae hi'n oer – down gam yn nes.
Chwerthin iach, a rhythwn ni
ar liw Ionawr eleni
yn y dŵr didosturi.
Ac am adeg, mi oedwn.
Ennyd syn cyn dod at sŵn
y dŵr uchel. Ymdrochwn.

Cwpledi

Cryfhau wedi cweiriau fil
yw tueddiad crwt eiddil.

Ni ŵyr yr hen ddim, o raid –
da barnu llygad beirniaid.

Y dwyn nad yw ond unwaith
sy'n gosod sail i'r ail waith.

Rhoi cysur yw'n natur ni,
dweud 'dos' sy'n anos inni.

Anrhydedd

Mae nifer o wledydd Ewrop wedi cyflwyno gorfodaeth filwrol oherwydd y rhyfel yn Wcráin

Ni wyddom o'r newyddion beth yw bom,
beth yw byw bob noson
dan dân. Am fod ein dynion
yn saff ar yr ynys hon.

Prentisiaeth

Ar y Talwrn, ddegawd ar ôl marwolaeth Gerallt Lloyd Owen

Nid o'wn yn ei 'nabod o,
ei wên dyner na'i dân-o.
Eto fo yw 'mhrawf o hyd;
rhywfodd, fy athro hefyd.

Yn finiog y cefnogai
eiriau llac y sgwenwyr llai,
ac â'i lais ar donfedd gwlad,
rhoddodd waed i'n traddodiad.

Heddiw, ei ddisgynyddion
yw'r rhai sydd, drwy'r gyfres hon,
yn tynhau'n gwaith, tynnu'n gwallt
i gyrraedd safon Gerallt.

Coleg

Sgwrs gyda fy chwiorydd yng Nghaerdydd yn dilyn llofruddiaeth Sarah Everard

Mae dau wyneb i'm dinas,
y dre' lwyd, a'r awyr las.
Ochr hewl fy nwy chwaer iau,
a'r fan lle crwydraf innau.
O dan sêr dinas oerach,
ofni bod fy hunan bach
ni wnes 'rioed yn fy nos rydd.
Aros mae fy chwiorydd,
ar eu llwybyr, prysuro
trwy wyll tua phen draw'r tro
yn nhir neb. Mae'n rhan o'u nos,
synhwyro'r hyn sy'n aros.

Dai Jones

Mae ar goll un ffermwr gwâr,
yn y niwl mae Llanilar.

Terfysg Trelái

Mae golau'r seiren heno'n oer o las
yn Nhrelái, a deffro
i rannu'i briw a wna bro
y ddau na all ddihuno.

Teyrnged i John, fy llystad

Weithiau, rhag anesmwytho,
i minnau, haws cau y co'
i ddraenen y gorffennol.
Ond teimlaf, pan af yn ôl
i dir iau, â chalon drom,
d'anwes yn dynn amdanom.
Ti, yn danbaid warcheidiol,
a'r byd i gyd yn dy gôl,
a drodd, pan adawodd Dad
yn wenias d'amddiffyniad.
Dwi'n llwyr ddeall na alli
ddirnad gwerth dy aberth di,
o droi y byd i dri bach,
drwy'u niwl, yn dra anwylach;
a'm diolch yw diolch Dad,
diolch 'fod ti 'di dŵad.

AUSTRALIA

Peiriant

Â'r blaned wrth deledu,
dyma'r ddrama fwyaf fu.
Adeg gwlad ag olew yw,
oes stadiwm-blasty ydyw.

Ond tu hwnt i sglein Qatar
yma o'r golwg mae'r galar.
Ym melin ddŵr gwladwriaeth,
i yrru un gôl gwnaed rhai'n gaeth.
I roi'r ddelwedd wâr, ddelach,
gwnaed bywydau'n bethau bach.

Fe ddaeth-hi'n dro i ninnau.
Â'n harwyr coch ar y cae,
yn ufudd, awn heb ofyn:
a yw'r gêm brydferth 'werth hyn?

Llythyr Owain, Pennal

Ym Mhennal, os ydym heno yn ddall
dan hin ddu, down eto
drwy saith canrif o frifo
i weld y wlad welai o.

Capitol Hill, Washington

Mae'n 'USA!' o reiat.
Ac ar gyrch i wasgu'r gât,
daw'r fyddin daer o fyddar,
ei rhesi gwyn ar y sgwâr
eisiau gwaed. Mae fel oes gynt,
a'r hewl dan dymer helynt.
Ond â Ionawr, daeth gwawr gall.
Ymlaen, nawr, mae lôn arall.
Mae'n llain hir, mae'n llawn eira,
lôn yw hon dan len o iâ,
a'r dasg, er oered yw hi,
yw i'r haul ei meirioli.

Addysg

Yng ngwers hegar y chwarae, y tu hwnt
i waith a rheolau,
y ddysg na cheir ar ddesgiau
yn nhop yr iard sy'n parhau.

Cwpledi

Iesu Grist, mae ambell sgriw
yn rhydd yng Nghymru heddiw.

Mae ’na beryg mewn stigma –
wrth wraidd pob dyn, mae dyn da.

Hawdd yw swnian. Mae’n anos
hefru’r boen yn swyddfa’r bòs.

Rhy ddall ydi torf fawr ddig
i wirionedd gŵr unig.

Geiriau doeth pob creigiwr da:
paid rhoi cip tua’r copa.

Gwae ni fod rhaid i’r ifanc
orfod byw ar fwyd y banc.

Fin haf ym Morfa Nefyn,
alla i ddim ’nabod Llŷn.

Mae’n plant am orfod codi
a dad-wneud ein llanast ni.

CPD Talysarn Celts yn 100 oed

Hafan y Nant sy'n fan hyn – yma'n hedd
mynyddoedd y dyffryn,
hon yw'n cred ganrif wedyn:
bytholwyrdd yw'r gwyrdd a gwyn.

Paentiad Owain Fôn Williams

Blagur

Yn dair oed, clyw dwrw o hyd – rhyw sgrech
ar sgrin byth a hefyd;
â'i wyneb bach at boen byd,
mae o'n hŷn ymhen ennyd.

Culni

Mae rhai yn fy Nghymru i na welant
fôr hiliol yn corddi,
na thymer fu'n mudferwi'n
troi'n wyllt dan ein trwynau ni.

Llonydd

Mae'r tir yn wenfflam dramor,
yn gyrru â mwg rai i'r môr,
a rhai i ffoi o Corfu,
rhag yr haul a'r gwair ulw.
Â ninnau'n glyd, mae ein glaw'n
dywydd hyfryd o ddifraw;
o'n sedd, rhown hanner gweddi
i'r Annwn hwn o'n blaen ni.
Â'r larwm rywle arall,
hawdd o hyd troi llygad ddall.
Digon tybio na ddaw'r tân
yma i ruo, am rŵan…

Grym

Bu farw Mahsa Amini yn 22 oed ar ôl cael ei churo gan heddlu moesoldeb Iran am beidio â chydymffurfio â rheolau hijab y wlad. Mae mwy na 500 o bobol wedi marw mewn protestiadau yn Iran ers hynny, gan gynnwys 40 o blant.

Saif y ddinas â Mahsa'n
ei chywilydd, a'r dydd ar dân.
Â'i rhyfel hi'n gefn i'r floedd,
stŵr o waed ddaeth i'r strydoedd
a gair Duw yn gyrru dyn
yn ddi-hid i ladd wedyn.
Yn Tehran y taranu,
â gwawr ddig i'r awyr ddu,
merch â'i chri sy'n profi pris
dyn a Duw yn eu dewis.

Cwpledi

Ar drywydd ein hewlydd ni,
ni welwn rai corneli.

Ryw ddiwrnod, rwy am godi
yr un ewn tu mewn i mi.

Mae hwyl fel 'tai'n chwarae mig –
ofnau sy'n fwy ystyfnig.

Fesul eiliad fflamadwy,
aros neb wna pris y nwy.

Gary Lineker

Mi wyddai bris y meiddio â pheiriant
corfforaeth yn pwyso;
gwyddai y gallai guddio,
ond dweud y sgôr fu'i dasg o.

Perfformiad

Â'r tai gweigion yn cronni
trwy'r haf yn fy mhentre i,
dan do aelwyd, dwi'n diawlio
mor rhwydd y gwerthwyd fy mro.
Dwi'n rhegi'r 'pethau diarth',
a rhwng bob gair, mae'r gair 'gwarth'.

Yn oer wrth gael fy nharo
â'r arwydd 'Sold', cwrddais o'n
neidio o'i waith i 'nglwad i –
o'i siwt i'w dop Man City.
Wedi'r llith o felltithio,
ces, yn bwdwr, sgwrs ag o.

Nid o'wn mor frwnt, hwnt i'r tŷ –
yn ŵr ewn wedi rhynnu'n
dweud dim am gymuned aeth,
hewl wrth hewl, i'w marwolaeth.

Dwi'n heriwr trefn i'w gefn-o,
ac yn neb i'w wyneb o.

Sach

Mae dros 5,000 o blant wedi marw yn Gaza er Hydref 2023 yn ôl Achub y Plant (Mai 2025)

Mae'r rhyfel dwtsh tawelach ar y we,
a straeon amgenach
yn torri. Rhy fud, hwyrach,
yw'r sachau o bethau bach.

Gareth Bale yn ymddeol

Mi oedd i Gymru fel draig yn rhuo,
fe roddodd hyder i wlad freuddwydio.
Ond â hud ei hediad o'n pylu o raid,
rhwygo mae'r enaid drwy Gymru heno.

Pan fyddai angen, fe greai'r ennyd,
y goel a feddai yn troi'n gelfyddyd.
Â'r enw 'Bale' gerbron byd – ar bob taith,
fe wisgai'r iaith gydag afiaith hefyd.

Y ddraig o Walia oedd ar ei galon,
ei wlad anedig oedd iddo'n ddigon.
Ac mor od i'r Gymru hon yw arddel
ein tîm heb Bale, heb ei annel union.

Am ail Lyndŵr, a blaenwr ysblennydd,
â'i goliau hudol ar hyd y gwledydd,
gwenwn, diolchwn bob dydd i G.B. –
am roi i ni flas o Gymru newydd.

Y Wal Goch

Mis du. Ond mae si dawel
am rai nyts o Gymru'n hel
llond eu bag – ffoi rhag yr iâ
i wres cyfandir Asia.

Mae Catâr fel byd arall.
Eto, i'r côr chwarter call,
i gael hwyl a gweld eu gwlad,
heidiai'r llu draw i'r lleuad.
Mae hen ddolen o'r enw
'Book Hotels in Timbuktu' –
'tasa niwl, a ffleits yn her,
sortient hofrenydd siarter.
Ordrai'r rhai ffyddlonaf dro
o Sblot ar fws i Blwto.

Y wal goch sy'n ailgychwyn,
trwyddi hi, mae'r fflam ynghyn.
Yn dwrw mawr, yn dra mad,
Doha – mae'r Cymry'n dŵad.

BourseBeurs
BELGIAN BEER WORLD EXPERIENCE
CHEERS!

#WrthyDysgwrCymraeg

Y niwl o'th flaen ni welaf; her dy lwybr
hyd y lôn ni phrofaf,
ond ar dy siwrnai araf,
rhoi fy nghwmni iti wnaf.

Cefnder

Er ofer ddweud 'arafach!' – a cheisio
ei ddarbwyllo'n bellach,
rhaid, weithiau, i bengliniau bach
grafu, cyn dod yn gryfach.

Mintys

Heno, roedd yn fy nghwpanaid ddiod
flas o ddoe mewn gwydraid.
Yfais, llamais mewn llymaid
hafau'n ôl i ardd fy nhaid.

Cymru v Gwlad Pwyl, Mawrth 2024

Un gêm. Un anthem. Un *win*. Dyna i gyd.
Boed yn gic o'r smotyn,
neu'n hedar, mi gawn wedyn
yr awyr las ym Merlin.

Prydeiniwr

Pesgi ar y tsips a'r pysgod y mae
ym mar y Gwyddelod.
Un uniaith, un pinc hynod –
gwaethaf *Brit yw Brit abroad.*

Ennill Tir

Awdl fuddugol Eisteddfod yr Urdd 2020/21

Roedd traean o blant Cymru yn byw mewn tlodi yn 2020. Mae hynny'n dal i fod yn wir yn 2025

Ysgol

Daw'r hogyn tlawd drwy wawdio – a rhegi
slei yr hogiau eto,
a'i wyneb trist, fel pob tro,
mewn ciw heddiw, yn cuddio.

Wrth hawlio'i ginio'n gynnil, daw ar hast,
noda'i rif mewn pensil;
a baich diarian y bil
ar 'sgwyddau brysiog, eiddil.

Mae arlwy prin amser cinio yn wledd
i'w chladdu tra gall-o,
gan wybod bod y bwydo
rhy fain yn ei gartref o.

Newynog yw ei wyneb, a'i ruddiau
sy'n brudd, ddiymateb.
Hon, o hyd, yw'r ystrydeb –
ond ei deall, ni all neb.

Senedd

Dyn balch ei diwn yn y bae.

Rhengoedd o deis cyfryngau
yn ystyried ei stori.
Â'r hen frawddegau di-ri,
mae'n troi i wirio'i wariant:

'Rwy'n bles fod arian i blant nawr ar lefel na welwyd
o'r blaen.' A'r ddihareb lwyd – 'Er hyn, ein campau
yw'r rhain. Rhaid i Lywodraeth Prydain…'

Annelwig arbenigwr
yn cymylu, duo'r dŵr.

Â'i rantio mawr mewn print mân,
haws stwffio criw San Steffan
yn slei, na gweld ei feiau.

Byrdwn hwn yw cyfiawnhau
pob anfodd a dioddef
yn y wlad dan ei law ef;
a'r ymlâdd 'normaleiddiwyd
drwy'r dwsinau banciau bwyd.

Mae ei grechwen, a'i enaid,
a'i lw yn eiddo i'w blaid,
wrth fwmian eu sloganau,
chwydu'r gwir a'r gwir yn gau.

Heol Santes Fair, Caerdydd

Daw'r strae i'r stryd
arw'i gweryd –
stryd fawr, llawr llaid,
oerni, beirniaid.

Ceisio cysur,
rhai'n swrth, rhai'n sur.

Cês gwag, bocs gwyn,
ofer gofyn.

Yfwyr hefyd
yn hel o hyd
i bitïo
hen griw y gro.

Dyn swil dan sêr.

Spice o biser
islaw'r awyr,
a'i sawr yn sur.

Ennyd mud. Mae'n
hel meddyliau
fel trên heno.

Am fyd – pam fo?

Tafarn ym Mhontcanna

Mae'r Prosecco'n llifo'n lli
o'r botel. Er ei bod-hi'n
nos Fercher, mae'r lle'n berwi,
yn un haid o'n mawrion ni.

Mae'r byrddau'n hoglau o'u hôl
o weniaith dosbarth canol.
Peth o'u golwg yw'r llwgu
yn syrcas y ddinas ddu
a loria'r bobol eirwon
brin hanner awr 'lawr y lôn.

Dewis

Mae'n ddiwedd mis, a daw'r dewis duaf,
o fwydo'i hunan neu fwydo'i hynaf.
Rhyw wawd-chwarae wna'r gaeaf, fel bob tro,
'leni'n ei llorio fel hunlle araf.

Mae'n adeg 'Dolig, ac mae'n ei phigo
na ŵyr ei hogiau beth yw anrhegion.
Mae byd y pethau drudion yn gwasgu,
a'i hwyliau'n chwalu yn un â'i chalon.

Â'i rhent hi'n hwyr, yn tynhau ei heriau,
er ymwroli, cau'n daer mae'r waliau.
Wrth i'w hegni hi brinhau – mae'i chyfri'
mor wag eleni, mae ar ei gliniau…

Cwpledi

Y niws a gawn yw sgwrs gall –
a chreu rhyw 'ochr arall'.

O godi hwyl, dysged o
hefyd y ddawn o nofio.

Cyn dod at ei ddyfodol,
rhaid i ddyn anelu'n ôl.

Ni all Bae ein holl bŵer
wneud y gwaith heb newid gêr.

I Sioned, Iwan a Ianto

Y mae, yn Nhrefnant, mwyach – hogyn gwyn
sydd â gwên fach holliach;
ni welwyd un anwylach
yn y byd na Ianto bach.

Tafarn

Nid rhyw balas urddasol a fynnaf,
na *venue* clasurol;
ond lle sy'n dyllau o'i ôl,
hen byb sy'n byb i'r bobol.

MANNEKEN PIS

Clwb Pêl-droed Cymric yn 50 oed

O'r Rhath hyd ochrau Rhuthun – ni ddynion
y ddinas sy'n perthyn
dan undod un bathodyn;
'mond Cymric sy'n cynnig hyn.

I Rhys Iorwerth

ar achlysur ennill Coron Boduan

Fy mentor yw Rhys Iorwerth,
un sy'n rhywun aur ei werth
mewn ty êl fel mewn talwrn,
bardd a'i sgwennu'n dynn fel dwrn.
Perffeithydd cudd canu caeth,
un dyn – â sawl dewiniaeth.
A mwy na hyn, mae o'n awr
yn un 'fo Coron enfawr,
a gyda fo'n goronog,
mae hi'n llon ger y Maen Llog.
Ar ddydd Llun ar derfyn dydd
llenwai Llŷn â llawenydd
wrth i'r Cofi godi. Gŵyl
yw hon i 'nghapten annwyl –
hwn, Ahab Dros yr Aber,
gŵr y sbliffs a'r lagers blêr,
yn cymryd 'mic, Cofi cŵl
dybiai fod Prifardd dwbwl
yn drech na chadair fechan.
Dacw hwn, â rhyddid cân
yn peri ofn i'r gamp rydd!
Cawell o beth yw cywydd.
Ddydd a fydd, tra byddaf i,
cofiaf am gamp y Cofi.

Angladd Tabitha Jones, Siop Tabi, Pen-y-groes

Heddiw, rhown deyrnged iddi – un o saith
a llond siop oedd Tabi.
Ond bydd, er dod ei dydd-hi,
yno o hyd fel Mam i ni.

Cyfrwng cymdeithasol?

Weithiau, a'm hwyliau yn ulw – trwy hud
ffilter *app*, ar alw,
fy wyneb glân 'welan nhw,
nid llaid, na phryfed lludw.

Ailagor

Mae adroddiadau o gasineb ar X wedi dyblu ers i Elon Musk ei brynu

Rwy'n agor X, a'r hen gri
hiliol, wen, sydd o 'mlaen-i.
Finnau'n driw i wefan drodd
yn uffern. Amser diffodd.
Hwn yw'r cawdel lle gwelir
wisgo gau ym masg y gwir,
y dweud gwâr sy'n ddweud o'i go;
geiriau sy'n arf i guro.
Ond bydd straeon yn cronni
yma mewn awr, mi wn i,
yn dod fel un at ffrwd flêr.
Ac eto, af i'w gwter.

Negydu

Fe allai'r Mesur Marw â Chymorth gymryd pedair blynedd i ddod yn gyfraith

Draw o sŵn aelodau'r Senedd a'r wasg,
mae 'na rai mewn gwaeledd
na ŵyr byw ond ger y bedd
eisiau dewis y diwedd.

Mae ’na gân ym min y gwynt,
mae ’na alaw mewn helynt.

Galwch heibio i wefan
Gwasg Carreg Gwalch
i weld ein casgliad o lyfrau amrywiol

Carreg Gwalch

carreg-gwalch.cymru

CEFNOGWCH EICH SIOP LYFRAU LEOL

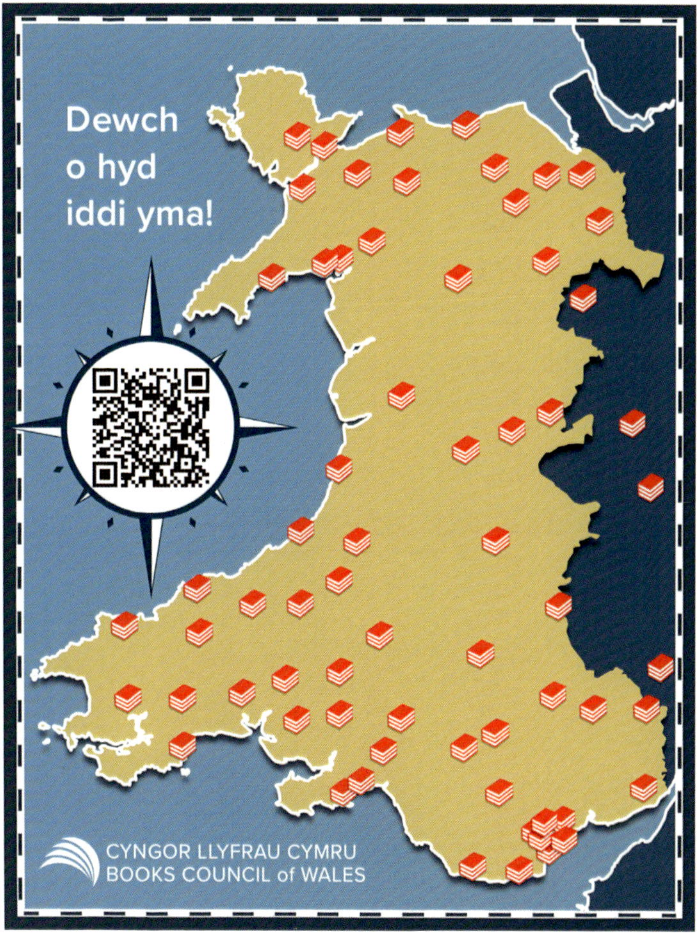